各花入各眼　　你永远是我的 小可爱

教育就是，
没有一棵树一开始
就是树

卷毛爸爸 —— 著

CTS K 湖南科学技术出版社 · 长沙

目 录

03 科学养育

孩子在长大的路上需要知道什么？

　　家庭是人生的第一所学校，父母是孩子的第一任老师。好的家庭教育能为孩子的一生画上幸福的底色，时间和爱是养育孩子的主要营养素。记得同时喂养孩子的身体和精神，如果脚步太快了，记得停下来等一等孩子那被落下的灵魂。

04 亲子关系

父母和孩子应该怎样相处？

　　良好的亲子关系，是家庭教育的基础。可以说，育儿的本质就是维护一段亲子关系。因为任何一段关系都是双向的、流动的、独一无二的。

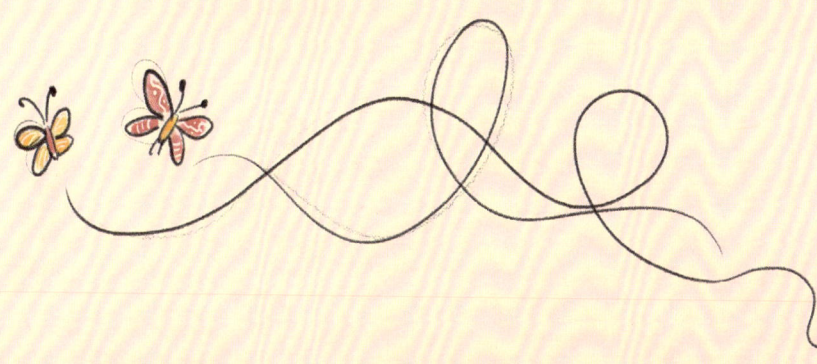

01

价值引导

什么才是好的教育？

　　家庭教育是一切教育的基础，是打开孩子人生大门的第一步。当父母拥有科学的教育理念，能给予孩子正确的引导时，孩子便会成功地迈出这一步。

大人和孩子之间有天然的时差，

人生这广袤穹宇，

依据心智而划分着不同的时区。

其实，在孩子的时区里，

一切都永远准时，无所谓快慢。

所以，不要站在自己的时区里吼他，

因为蜗牛已经尽力在爬。

也不要站在自己的时区里拉他、扯他，

因为蜗牛会受伤、害怕。

消弭时差只有两个办法：陪伴和等待。

陪伴他，和孩子一起走过历代星辰，

等待他，让孩子独自穿越光阴滂沱。

无论陪伴还是等待，

孩子都将带我们领略时空绚烂。

教育就是
领着蜗牛散步。

教育就是

没有一棵树一开始就是树。

没有一棵树一开始就是树，
它首先是种子，经受过寒冬暑热，
才变得枝繁叶茂，长成一棵树。

孩子的成长亦是如此。
人生不是一场奔逸绝尘的快闪。
教育不是一件一蹴而就的事情。
人生是一场体验，教育是一种过程。
需要脚踏实地，慢慢耕耘，慢慢影响，
经历时间，经历过程。

教育就是
三分灌溉，七分等待。

6

天气很好，种朵小花，
浇灌过后，慢慢等她。
等她发芽，等她开花，
等花结果，等果落下。
这个过程，就是长大。

教育就是……

不要急，慢慢长大。

让你在自己的时区里
慢慢走。

一场马拉松，
不能当成百米跑。

你有你的成长节奏，
我有我的耐心等候。

静待花开

虽是昙花一现，但刹那芳华。

有香味的花不止玫瑰，

能飞翔的鸟不止雄鹰，

人生不是一个模具，

养育不是一种复刻，

成长不是一场比试，

教育从来没有标准答案。

孩子有一百种语言、一百个念头、

一百种思考方法和表达方式，

就有一百种被倾听、被爱的方式。

每一个孩子都不应该被定义，

智慧父母从不让孩子做单选题。

教育就是
有香味的花，
不止玫瑰一种。

教育就是
每一个与众不同的孩子，
都有独一无二的颜色。

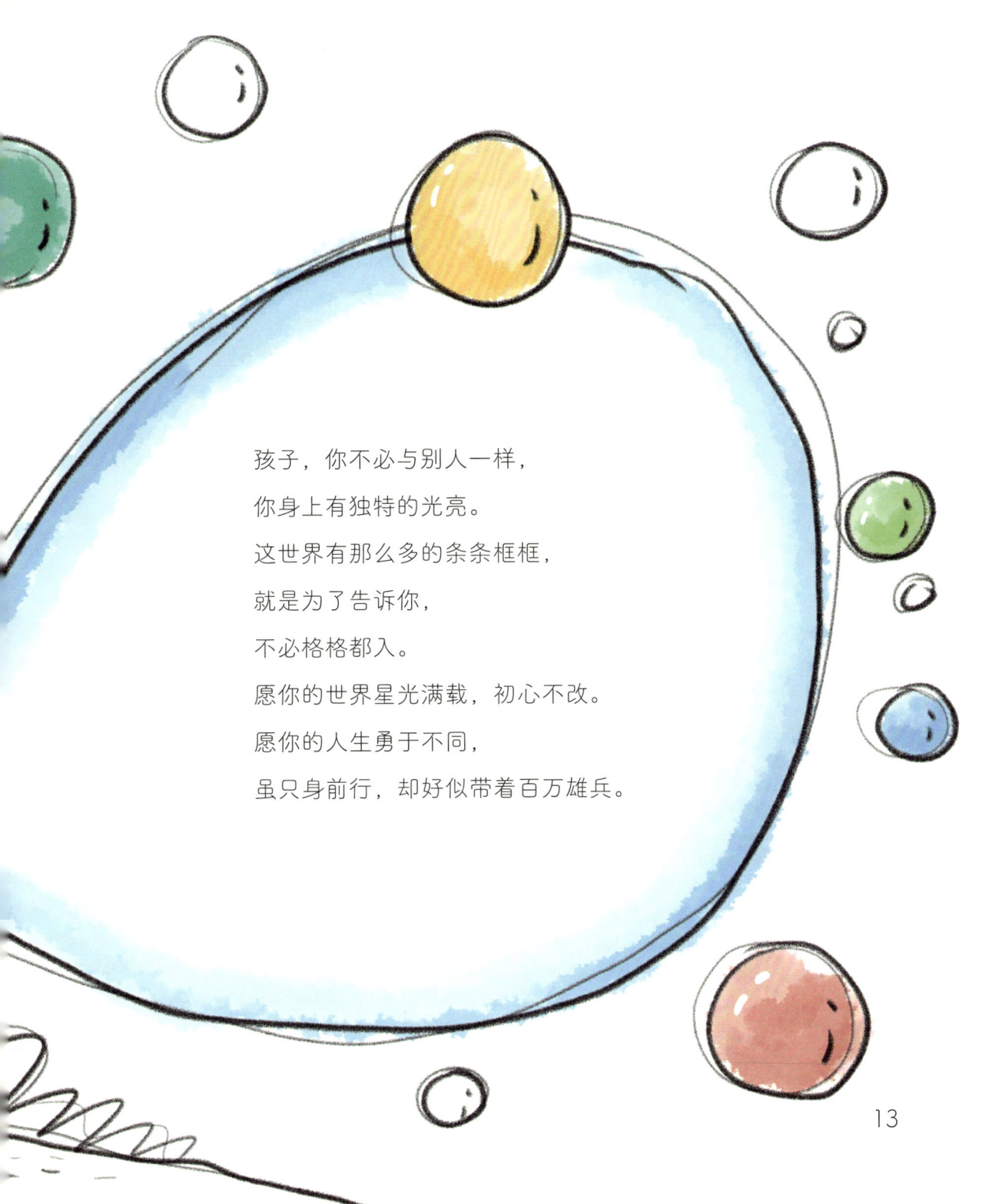

孩子，你不必与别人一样，

你身上有独特的光亮。

这世界有那么多的条条框框，

就是为了告诉你，

不必格格都入。

愿你的世界星光满载，初心不改。

愿你的人生勇于不同，

虽只身前行，却好似带着百万雄兵。

教育就是
不和别人赛跑，
也能到达终点。

出发的结果是到达，而不是胜利。

道路的尽头是终点，而不是奖台。

沿途的行人是同伴，而不是对手。

脚下的山水是风景，而不是障碍。

成长是一场沉浸式体验，没有限时亦没有裁判。

孩子只是孩子，不是竞技选手，

教育只是教育，不是赛制规则，

不和别人赛跑，也能抵达终点。

一个人出发，可以满载抵达，

也可以一个人出发，一群人到达。

15

教育就是……

花房不开，花还会开。

不论有没有差异，
你都无可取代。

一百个孩子，有一百条成功之路。

让他看见
独一无二的自己。

幸运的人一生都在被童年治愈，

不幸的人一生都在治愈童年。

童年的轨迹，藏着人生的密码。

父母送给孩子一个怎样的童年，

孩子就会度过怎样的一生。

孩子不是迷你的大人，

童年不是成年的预备。

让孩子只是孩子，生命才能在每一刻都圆满。

让童年只是童年，时光才有疗愈一生的能量。

教育不是催化剂，

不要用焦虑去催化孩子，

不要用未来去置换童年，

让孩子用爱与被爱编码时光，

让孩子在童年的每一天，都能在未来解码成幸福。

教育就是
让孩子做回孩子，
让童年回归童年。

教育就是
他原本是鸟，
就应该飞回他的山。

每个孩子都是一个独特的生命，

他们既不是谁的替代品，

也不是谁的复制品，更不是谁的附属品。

教育不是设定命运的编程，

只有不被设定的人生，才有超越期待的可能。

教育是发现生命的底色，激活原生的能量。

当我们真正了解孩子、

走近孩子的时候就会发现，

他原本是兰，就该绽放于空谷；

他原本是风，就该穿梭于林海；

他原本是鸟，就该飞往他的山。

教育就是
你的人生百味，
需要自己体会。

小的时候，翻爬站走跳，
你的成长曲线，从不与人比较。
慢慢长大，酸甜咸苦辣，
你的人生百味，自己体会就好。
只要你相信，一直往前走，
今天的风景，一定比昨天更美妙。

教育就是……

你的每一次放手，
他的每一点进步。

你是脚，我是鞋。

孩子的人生，
交给他自己书写。

疯一疯、闹一闹，
温顺尚早。

我是引路人，
不是铺路人。

和孩子一起，

不慌不忙，平平常常。

在每一个早晨拥抱，在每一个夜晚倾听，

在每一刻发现，在每一天赞赏。

和孩子一起，把日子过成诗，

和花草树木相亲，与清风明月为邻，

和蜜蜂蚂蚁交朋友，

在分分秒秒说心情。

普通的尊重最温暖，

简单的信任最长远，

平凡的陪伴最心安。

愿每个孩子都能长成自己喜欢的模样。

不疾，不徐；不慌，不忙。

教育就是
不慌不忙，把日子过成诗。

教育就是
把时间"浪费"在
美好的事物上。

用袋子收集春风，
用花瓣给蚂蚁盖房子。
陪一只蜗牛谈天说地，
和一轮明月玩躲猫猫。
……

这些美好的小事，都是孩子的要事。
每一刻的小美好，都是人生的大事件。

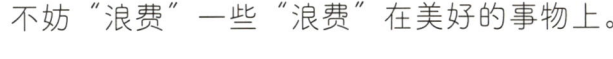

时间对孩子向来慷慨，
每一分钟的快乐都是时间给孩子的宠爱。
不妨"浪费"一些"浪费"在美好的事物上。

教育就是
成为一个
有趣有爱的普通人。

平凡和普通从来都不是贬义词。

去除繁琐的简单，即是平凡；

回归本色的平常，即是普通。

再有趣些，则精神丰润；

再有爱些，则生命饱满。

让孩子成为一个有趣有爱的普通人吧！

听从内心的号角，

品尝生活的味道，

探索未知的好奇，

响应世界的召唤。

教育就是……

开心就笑，
不开心就等一等再笑。

让孩子眼里有星星，
心中有远方。

你一定要爱着些什么。

让每一个平常的日子
都闪闪发光。

天上没有星星，
那就陪他一起看看月亮。

流星不永恒，
却赞美了夜空。
鲸歌不动听，
却安慰了大海。
月亮不圆满，
却陪伴了岁月。
你虽不完美，
却是我的宝贝。
长的一生，短的一瞬，
你不需要永远满分，
只管活得精彩纷呈。

教育就是
月亮不圆，也很美。

教育就是
明只有一个，
星星也会发光。

不能人人都当船长，

必须有人当水手，

大船才能远航。

不能人人都是将军，

必须有人当士兵，

战斗才能取胜。

有很多事要我们去做，

有大事，有小事，还有身边事。

决定成败的，不是你成就的大小，

而是

做一个最好的你自己。

教育就是
无论怎么走，脚下都有路。

走大多数人走的路，

能一马平川。

走少有人走的路，

能继往开来。

走没人走过的路，

能另辟蹊径。

只有拥有敢于上路的勇气。

才能无论怎么走，脚下都有路。

教育就是……

别赶路，
多感受沿途的风景。

不是每次都能做好，
真的没什么大不了。

你不用做完美小孩，
我也不是完美大人。

我的心里有阳光，
你的天空就晴朗。

有舍，才有得。

在孩子的眼里，

花不只是花，

更是色彩的收藏匣。

沙不只是沙，

更是整个撒哈拉。

风是太阳的手，

云是雨的家，

每片树叶都有故事，

每颗种子都怀天涯。

小眼睛透视大世界，

小梦想滋育万物生。

请蹲下身来做一个孩子，

用孩子的眼睛看一朵花。

请垂下眼来做一个孩子，

用孩子的初心养一朵花。

教育就是
用孩子的眼睛看一朵花。

教育就是
你可以迎风走，
也可以逆风行。

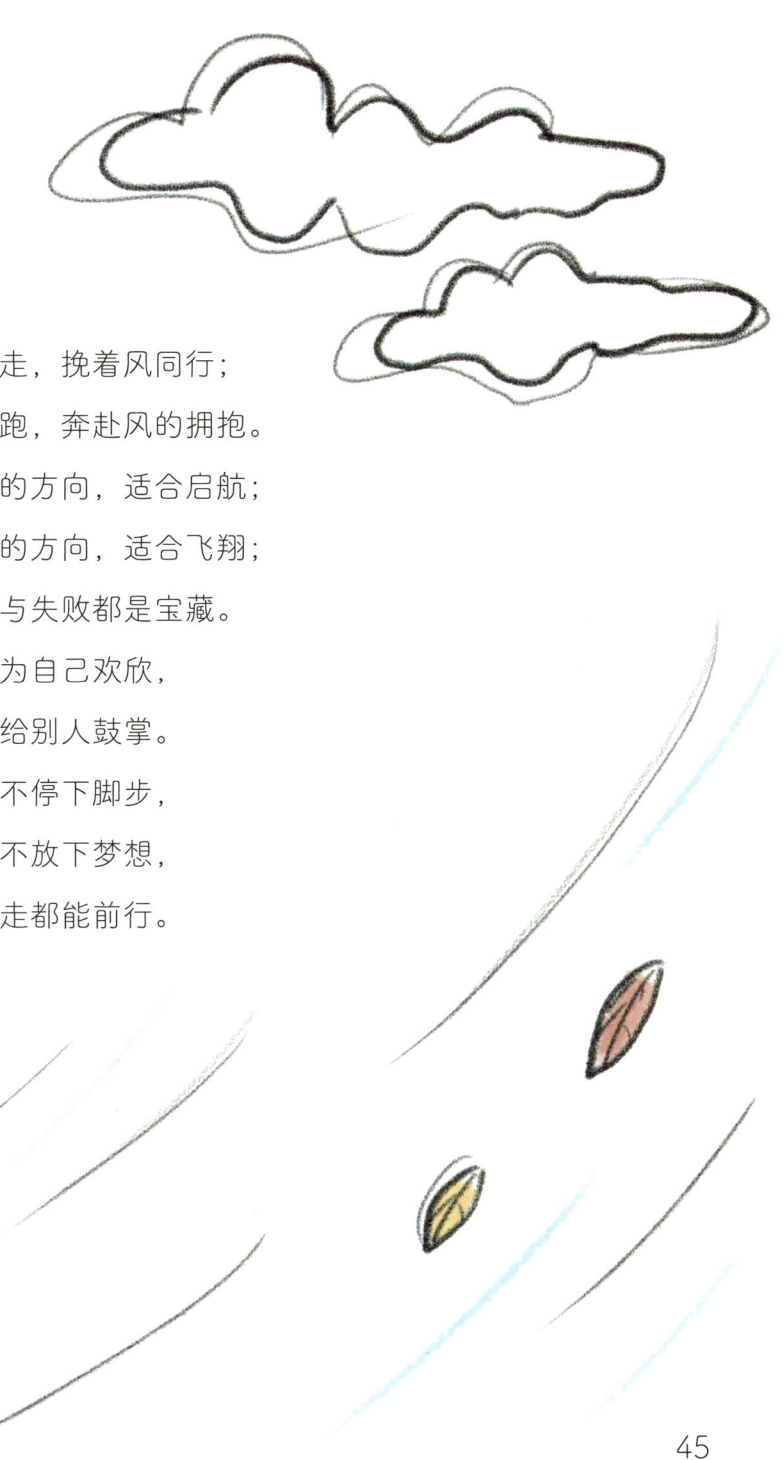

迎风走，挽着风同行；
逆风跑，奔赴风的拥抱。
顺风的方向，适合启航；
逆风的方向，适合飞翔；
成功与失败都是宝藏。
可以为自己欢欣，
也能给别人鼓掌。
只要不停下脚步，
只要不放下梦想，
怎么走都能前行。

教育就是
接受天晴，也接受下雨。

孩子的眼睛很大很大，

装得了高山，也装得了蓝天。

孩子的眼睛很小很小，

有时候连两行眼泪也装不了。

高山是对爱的绵延，

眼泪是对爱的呼唤，

允许孩子表达任何情绪，

接受天晴，也接受下雨。

因为，

无论何时，

孩子满眼都是你。

教育就是……

下雨了，我们来一场
雨的音乐会吧。

倾听孩子的声音。

有诗心，一切皆有诗意。

蹲下来，
才能看到孩子的世界。

最棒的魔法，
是把坏事变成好事。

孩子，请你向前奔跑，

我如果在前面拉你，

你会失去自由的手脚，

我如果在后面推你，

你会失去自立的腰。

我会张开双手，站在不远处，

在你成功时鼓掌，

在你邀请时加入。

我相信你，

你也要相信你自己。

教育就是
你向前奔跑，
我静心守望。

教育就是
一程又一程的目送。

出生时，小小的你，圈在我的臂弯里。

学步时，小小的手，圈在我的大手里。

直到那天，分别时你没有哭，

那小小又欢快的背影偷偷告诉我，

你已经长大。

从此，我只能用目光圈住你，

开始一程又一程的目送，

你的背影总是告诉我：

"我很好，不必追。"

教育就是
每一次分离
都让我们更强大。

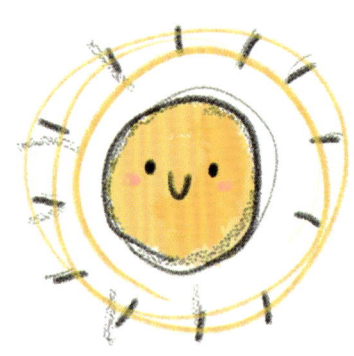

种子冲破土壤才能发芽，

小鸡啄破蛋壳才能长大，

蒲公英离开花蕊才能奔赴天涯。

分，是成长的裂变，

离，是精神的独立，

分离是强大的暗语，

每一次分离，都让我们更强大。

教育就是······

陪伴你长大，
目送你前行。

一处的离别，
是另一篇章的启幕。

每个人只能陪我们走一段路，
请学会珍惜。

风吹雨打是成长的赞礼，
酸甜苦辣是生活的本质。

人的一生不会一帆风顺，
但即使其中只有三分糖，
我也会将自己无条件的爱
化作十分的甜，
缓缓灌入你脚下的泥土。

让你在遭遇困难和挫折的时候，
让你在碰到阻碍和挑战的时候，
用温暖和关爱深深滋养你的根，
支撑你走出低谷，
继续向阳生长，
最终成长为一棵参天大树。

教育就是
虽然只有三分糖，
也要让你十分甜。

教育就是
当你站在阴影里，
我就把太阳挪过去。

孩子，当你站在阴影里，

我不会责备你，因为你一定可以走出去。

孩子，当你心里下起雨，

我不会批评你，因为这没有什么了不起。

当我们遇到问题，

我不会站在我的世界和你对立，

而是走到你的世界里去。

你需要光亮，

我就挪动太阳。

你需要空间，

我就为你擎天。

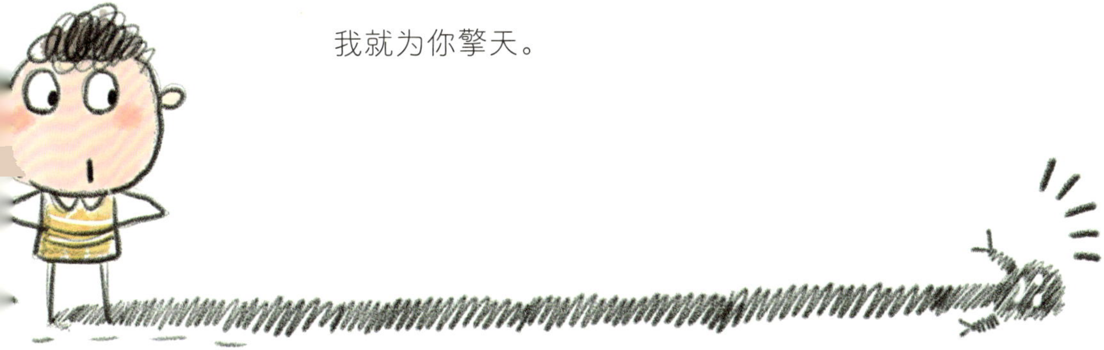

教育就是
一句大声说出来的爱。

请大声地向孩子告白，
袒露心中喜爱，
孩子把力量存入心海，
终生取之不竭。
从此，
在途艰时，
能辟出人生辽阔。
在天暗时，
能启动漫天星火。

教育就是……

生活中的每一个小细节。

用心发现心。

你追赶世界，我追赶你。

世界再灰暗，
也不让你的心蒙上尘埃。

02

父母成长

如何成为一个好父母？

俗话说："父母是孩子的第一任老师。"在教育这条路上，为人父母就是一场修行，做好自己就是给孩子最好的教育。好父母应该首先是一本"说明书"，一本真正懂孩子的"说明书"。然后带着对孩子的理解和尊重，开启和孩子共同的成长之旅。

无条件地接纳孩子的情绪，
有规则地面对孩子的行为。
给孩子表达情绪的机会，
才有引导孩子行为的可能。
解决问题从来不能靠声量，
别让家成为情绪的战场，
那样只会两败俱伤。

如何深爱你？
用不含诱惑的深情。
如何拒绝你？
用没有敌意的坚决。
如何引导你？
用心平气和、温柔坚定。

教育就是
你火冒三丈，我心平气和。

教育就是
嘴上有苦，心就不甜。

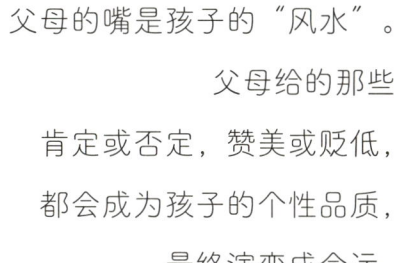

父母的嘴是孩子的"风水"。

父母给的那些

肯定或否定，赞美或贬低，

都会成为孩子的个性品质，

最终演变成命运。

语言，

是良药，

也是刀。

良言治愈苦涩的心灵，

恶语摧毁光明的人格。

请和孩子好好说话。

教育就是
不当怒吼的教练，
做好快乐的陪练。

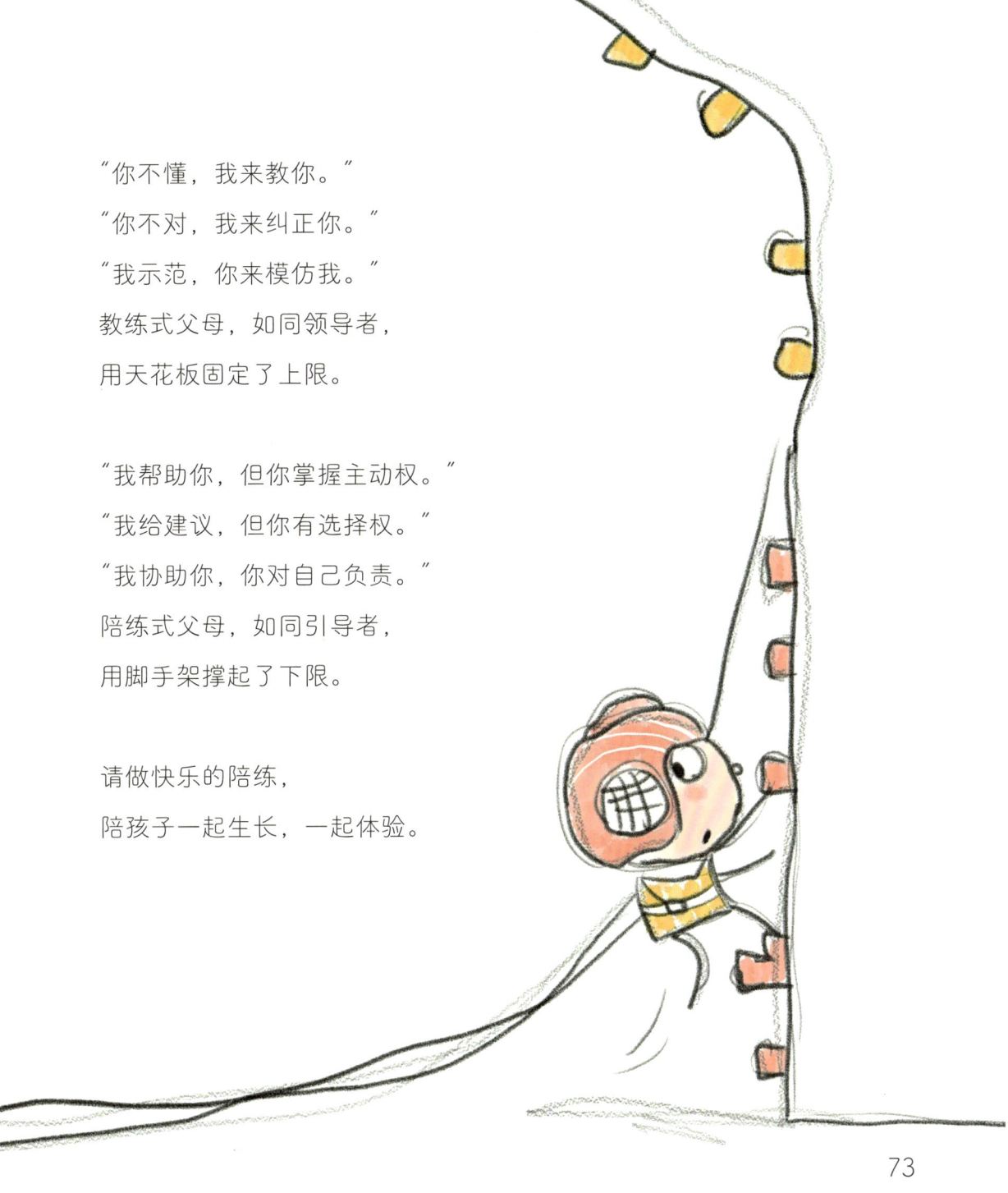

"你不懂，我来教你。"

"你不对，我来纠正你。"

"我示范，你来模仿我。"

教练式父母，如同领导者，

用天花板固定了上限。

"我帮助你，但你掌握主动权。"

"我给建议，但你有选择权。"

"我协助你，你对自己负责。"

陪练式父母，如同引导者，

用脚手架撑起了下限。

请做快乐的陪练，

陪孩子一起生长，一起体验。

73

教育就是……

你的坏情绪，
在我的梦里青面獠牙。

我所不欲，
不施于你。

情绪如风暴，
等它过去再开口。

不在他面前吵架。

我有好情绪，
你有好未来。

蓝天透过大海看到自己的颜色，

清风通过山谷听到自己的声音，

父母其实就是孩子的一面镜子，

孩子通过父母的反馈，

窥见自我，培育自尊，

滋生自信，构筑自强。

父母，

请做气氛的制造者，

请做孩子的捧场王。

再微小的成长，

也要给他海豹式的鼓掌。

教育就是
再微小的成长，
也要给他海豹式的鼓掌。

教育就是
没关系，我们再试一次。

孩子的积木倒了，妈妈会说：
"没关系，我们再搭一次。"
孩子学会了不哭鼻子。

孩子跌倒了，爸爸会说：
"没关系，我们再跑一次。"
孩子收获了重新出发的勇气。

孩子失败了，父母会说：
"没关系，我们再试一次。"
孩子学会了自我鼓励。

那些"每一次"都有重大意义，
都是孩子离成功最近的一次。

教育就是
一句肯定，胜过千言万语。

孩子是个杯子，

不装正能量，就装负能量。

你说他行，他就行；

你说他不行，他就不行。

数子十过不如奖子一长。

父母的肯定和鼓励，

既是温暖孩子一生的底色，

也是助力孩子行走一世的力量。

教育就是……

数子十过，不如奖子一长。

自我激励，胜过物质奖励。

我是最棒的!

你的画，
颜色搭配得很棒。

你每前进一步，
我都会为你鼓掌欢呼。

表扬用喇叭，
批评用电话。

童年和食物一样，
是有"有效期"的。
亲子关系和美味一样，
是有"保质期"的。

童年很短，未来很远。
在童年的"最佳赏味期限"，
最值得品味的就是陪伴。
别缺席孩子的每一天，
让每一天都有仪式感。

教育就是
你的童年，我从不缺席。

教育就是
陪伴，而不是陪着。

陪伴，是身心的到场，
陪着，是距离的施舍。
而爱是个不折不扣的动词，
在行动中才能传达，
在同频时才能交换。
请让爱就位，
请让爱流通，
给孩子全心全意的陪伴，
而不是简简单单的陪着。

87

教育就是
丢掉手机，陪陪他。

世界上最遥远的距离，

是我在看你，

你却在看手机。

父母与孩子的相伴，

从一开始就是一场倒计时。

孩子在马不停蹄地长大，

不经意间就远走天涯。

请放下指尖虚幻，拥抱身边美好，

和孩子一起躲猫猫，和孩子一起蹦蹦跳。

和孩子一起发发呆，陪孩子一起犯犯傻。

……

教育就是······

陪你住进童话里。

陪伴让每个平凡瞬间,
都变成重要时刻。

一直以来的陪伴。

陪他一起长不大。

有你在身边，
我不用大笑也很快乐。

别只出现在她的梦里。

蹲下来，

身高相等，视线平行，

地位对等，这是尊重。

蹲下来，

距离相近，视角相同，

重心交叠，这是理解。

当父母不再俯视孩子，

才能正视孩子的需求，而不是一味要求。

当孩子不再仰视父母，

才有平视自己的勇气，而不是一味服从。

蹲下来和孩子说话，

回到大人的小时候。

融入孩子，和孩子一起看世界。

教育就是
蹲下来和孩子说话。

教育就是
让语言成为窗户，而不是墙。

畅谈，而非意图说服，

若一方命令，另一方只能顺从。

对话，而不是陈述，

若一方裁决，另一方只能申辩。

如果语言只限单向传递，

那它是隔阂之墙，而非沟通之窗。

用爱说话，而不只用嘴巴。

用心聆听，而不只用耳朵。

如果不能通过语言直达心脏，

那它是墙不是窗。

在听与说的时候，请画上双箭头。

让语言成为窗户，而不是墙。

教育就是

我不翻旧账，你温暖向阳。

翻旧账就像揭伤疤，
每一次旧事重提，
都是加倍攻击。
反复批评除了让孩子感到痛苦，
起不到一点儿其他作用。

过去的都已过去，
不要从回忆里找证据，
都过期了，不作数的。
改过的都已改过，
不要从过去中找承诺，
都超时了，重新算的。

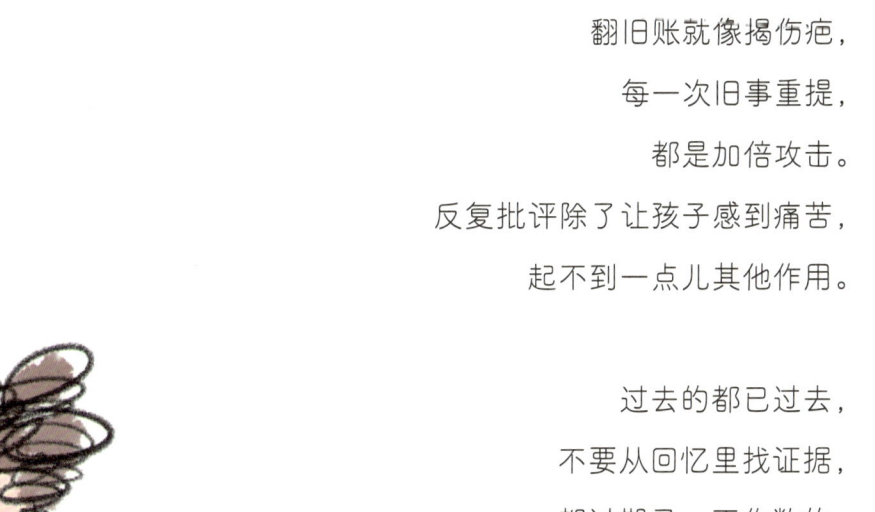

教育就是……

让他知道，
批评的声音，
也是动听的音乐。

不唠叨。

我爱讲道理，
也会给你留余地。

少下命令，陪他一起做。

精致的鸟笼，

代替不了广阔的天空。

丰沛的池塘，

代替不了浩瀚的海洋。

压制得越少，生长得越高；

控制得越少，成长得越多。

别用预设的人生，限制无限的可能。

做有远见的父母，

适时退出，不束缚，不拦阻，

关注孩子，而不是关住孩子。

教育就是
关注孩子，而不是关住孩子。

教育就是
即使你是小刺猬，
我也有办法拥抱你。

如果你是小刺猬，

那么我当大草地。

你的每次打滚，

都入我的怀里，

接纳，是我给你的拥抱。

如果你是小刺猬，

那么我当大苹果。

你每竖一根刺，

我都给点甜，

包容，是我给你的拥抱。

所以别害怕，别慌张，

我爱你所有的模样。

教育就是
把你的泪与笑，放在心上。

你告诉过我你的愿望，从此我放心上，
我的心啊，总想实现它。

你流下过你的泪，从此我放心上，
我的心啊，总想消灭它。

你咧开过你的笑，从此我放心上，
我的心啊，总想留住它。

哎呦，我的心啊，
它总想着你。
它不听我的话，我拿它没办法，
因为，爱你是我的本能呀！

105

教育就是……

你是"小话唠"，
我是好听众。

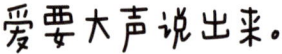
爱要大声说出来。

你的用心，他的惊喜。

关心天下事，
更关心你的小心事。

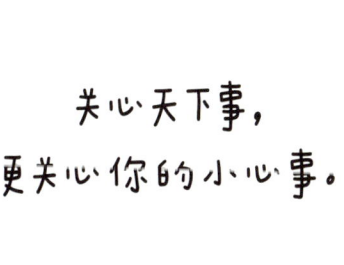

我给你的每一个承诺，
都牢牢记在心上。

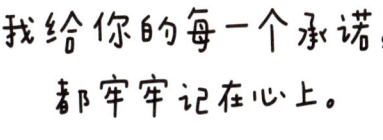

好的关系是，

各有光芒，彼此照亮。

各自完整，

不通过谁去补全。

各自独立，

不向谁去索取。

各自美好，

不需要谁去解救。

各自努力，

不借助谁去实现。

好的家，就是

让每个人都做最好的自己，

然后互相欣赏。

教育就是
欢乐的一家人,各自有光芒。

教育就是
爸爸妈妈，始终一致。

当妈妈不同意，
爸爸说可以，
我就失去了判断力，
暴躁又着急。

当爸爸给通过，
妈妈不许可，
我就搞不清标准，
分不清对错。

当妈妈说向东，
爸爸说向西，
我就学会了钻空子，
选择我愿意的。

请别责怪我不听话，
因为我不知道该听谁的话。
我只是个小孩子，
只听得到一种声音。

教育就是
妈妈，别忘了，
你曾在星河追过月。

妈妈，你可还记得，

在当妈妈前你在做什么？

是不是像我一样，

天马行空，在星河里追月亮。

妈妈，你可还记得，

在喜欢我之前你喜欢什么？

是不是像我一样，

喜欢调皮，喜欢淘气，喜欢恶作剧。

妈妈，

长大之前的那个你，

是不是和我一个样？

教育就是……

妈妈想环游世界，
爸爸想当一个画家。

爸爸，别忘了，
你曾仗剑走过天涯。

你的梦想不老，
他的好奇心才会长大。

我不是第一位，
你自己才是。

爸爸骑马，妈妈种花，
我把蝶儿追。

聪明是一种天赋，

努力是一种态度。

若一直夸你聪明，

那显然有失公平。

因为那就忽视了

专注、坚韧、勤奋、勇气……

这些需要努力和磨砺的品质。

人生出的那些难题，

也不需要每一次都胜利。

只要每一次都努力，

每一回都尽力，

哪怕不成功也没关系。

教育就是
相比聪明，
我更欣赏你的努力。

教育就是
鼓励勇敢，也拥抱脆弱。

我知道，

打针时会疼，惊吓时会慌。

天黑时会害怕，失败时会沮丧。

感受不分对错，不必逞强。

我也知道，

有时候哭泣不是因为软弱，

而是坚强太久了。

鼓励勇敢是希望你有更多体验，

但也拥抱脆弱，

接纳一个真实的自我。

你还小，小孩子不必着急做大人的事。

教育就是
你的一万种尝试，
我的始终坚持。

当孩子无忧无虑地玩耍时，
不要用大人眼中的正经事去打扰他。
当孩子在编织美丽的梦想时，
不要用大人眼中的现实去纠正他。
在每一个看似懵懂的孩子身上，
都有一个灵魂在朝着某种形态生成。
看教育是否成功，
就看它是拓展还是缩减了
受教育者的人生可能性。

教育就是……

知道做错了什么，
比让他道歉更重要。

要不要尝试，
你自己决定。

永远不去打扰
安静、专注的孩子。

鼓励你赢，
也让你知道"输"不是失败。

给他时间，"胡思乱想"。

你知道种子总会发芽，

但你不知道是哪一天，

如果你等不及总去翻它，长出来的茎就断掉了。

你知道孩子总会长大，

但你不知道是哪一天，

如果你等不及总去催他、拉他、唠叨他⋯⋯

那他就受伤了。

植物生长的每一个状态，

都需要时间去养护，少一天都不行，

孩子也一样。

请慢慢等待，

相信种子，相信岁月，

用好心态成就好状态。

教育就是
我的好心态，
你的好状态。

教育就是
不去成为"别人家的小孩"。

世界上有一个无敌的存在，
他琴棋书画样样精通，
诗词歌赋信手拈来，
他不爱游戏，只爱学习，无所不知，永远第一。
这个存在叫做"别人家的小孩"。

别人家的小孩，全天下最可爱，
比赢了今天，明天又炮火全开。
别人家的小孩，全世界最厉害，
打赢了一个，又出来无数个。

教育就是你不用做别人的小孩，
因为别人的小孩已经有别人在做了，
你只做自己就好。

教育就是
要赢得孩子，
不要赢了孩子。

赢了孩子很容易，

控制、斥责、威胁、惩罚……

就可以成为权威之下的赢家。

而赢得孩子并不简单，

给予信任、维护尊严、释放自由、接纳不同……

可能也不一定做得到。

但只有赢得孩子，孩子才能赢。

教育就是……

你不焦虑，他就开心。

不给她加标签。

我的目光，一直
注视着你脚下的路。

用放大镜找优点，
用望远镜看未来。

131

03

科学养育

孩子在长大的路上需要知道什么？

家庭是人生的第一所学校，父母是孩子的第一任老师。好的家庭教育能为孩子的一生画上幸福的底色，时间和爱是养育孩子的主要营养素。记得同时喂养孩子的身体和精神，如果脚步太快了，记得停下来等一等孩子那被落下的灵魂。

每一次兴高采烈的出发，

都值得到达。

每一件值得开始的事情，

都值得完成。

如果成功有另外一个名字的话，

那就是

有始有终。

如果路途太远，如果体力有限，

不妨把大目标分解成小任务，

用小结尾凑成大结局，

把小确幸攒成大欢喜。

教育就是
有始有终，
坚持的小孩最酷。

教育就是
即使负重远航，
也不要迷失方向。

如果孩子遇到困难，

不要提前替他挡回去，

也不要着急把他抱出来，

更不要让他换条路走。

而是

给他跳一跳就够得着的目标，

给他试一试再努努力的勇气，

给他一个无惧挫折的人生。

就像在漆黑海域负重前行，

用鼓励为他亮起灯塔。

用信任给他加上马达，

让他在颠簸中奋力前行，

在风暴中把握方向，

带着微笑和勇气，

面对人生的不期而遇。

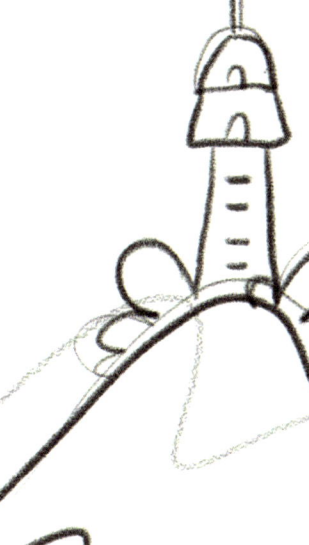

教育就是
失败没啥，
记得有"重启"。

没有真正的失败，

只有暂时的不成功。

对孩子来说，

尽力比晋级更重要，

完成比完美更重要。

要教会孩子怎么赢得精彩，

也要教会他如何输得漂亮。

让孩子能做被人夹道欢迎的英雄，

也能坐在路边为英雄鼓掌。

在孩子沮丧时陪伴，

在孩子灰心时鼓舞，

能温柔地接住他不慎的跌倒，

也能帮助他坚强地爬起来，

给他"再试一次"的底气。

139

教育就是……

只要自己不放弃，
就没有人会放弃你。

让她知道
天才的代价是刻苦。

不让她迷失在
别人的评价里。

有遗憾，就有向上的空间。

把困难变成逆袭的跳板。

热爱是虽人生苦楚，

但总能找到被生活藏起来的糖。

热爱是虽岁月庸常，

却总能沁入到自己的心房。

热爱是竭尽全力之后，接受自己颗粒无收；

是求之不得之后，也能欣赏别人拥有。

和孩子一起，

培养一些小爱好，经历一些小美好，

体验一些小坎坷，积攒一些小快乐。

把这些"小"捂到"热"，

把这些感怀发酵成热爱。

从此，他知道，

有无数种办法能哄自己开心，

有无数条道路可以通往明天。

教育就是
就算隐没于人海，
也要保持热爱。

教育就是
事情再小，
也要用心做好。

教育的目标，

从不只是在结尾时把大事做成，

而是从一开头就要把小事做好。

把小事做好，才能把大事做成，

把小孩做好，才能当好大人。

玩具不玩送回家，这是秩序。

早起上学不迟到，这是规则。

撞到人要说对不起，这是道德。

孩子生活中的每一个小瞬间，

都可能是影响一生的大事件。

小事最小，但不能小看，

把每一件小事做好，便是一件了不起的大事。

145

教育就是
哭一哭没关系，
你看云也会掉泪。

146

哭和笑都是情绪的一种，
情绪不分对错，都是感受的结果。

别怕孩子哭，
别在孩子哭时慌不择路，
妥协、哄骗、威胁、压制……
这些都是误入歧途。
允许孩子哭，
让孩子用眼泪表达那些用嘴说不出来的话，
倾听孩子的感受，捕捉孩子的需求。

允许孩子哭是对生命的接纳，
就像天也会阴沉，就像云也会掉泪，
再自然不过。
允许孩子哭比哄孩子笑更重要。

教育就是……

一心一意，做一件事。

玩什么都认真。

你可以选择哭泣，
那不代表你弱小。

怎么做不重要，
重要的是去做啊。

让他用眼睛去发现。

149

自己的事情自己做，

把小事当成大事做，

重要的事情花时间做，

困难的事情花力气做，

规定的事情，该怎么做就怎么做。

让孩子

背负些痛苦，

品尝些煎熬，

那些"背负"，能让他逢山开路，

那些"煎熬"，能让他遇水架桥。

未来说不清，生活道不尽，

人生没有捷径，

那些横着省下的路，

会变成竖着的坑，

捷径，是世界上最远的路。

教育就是
让他知道捷径，
是世上最远的路。

教育就是
即使我不在，
你也能照顾好自己。

幼儿园

指导孩子，
别指挥孩子。
做孩子的"助理"，
别做孩子的"代理"。
让孩子主演自己的人生，
让孩子做自己的事情。

事无巨细的包办替代，
只能捆绑独立的手脚。
小心翼翼的过度保护，
只能封堵成长的出路。

给孩子一点信任，
给点空间，再给点时间，
让孩子做自己的服务员。

153

教育就是
饭自己吃才更香。

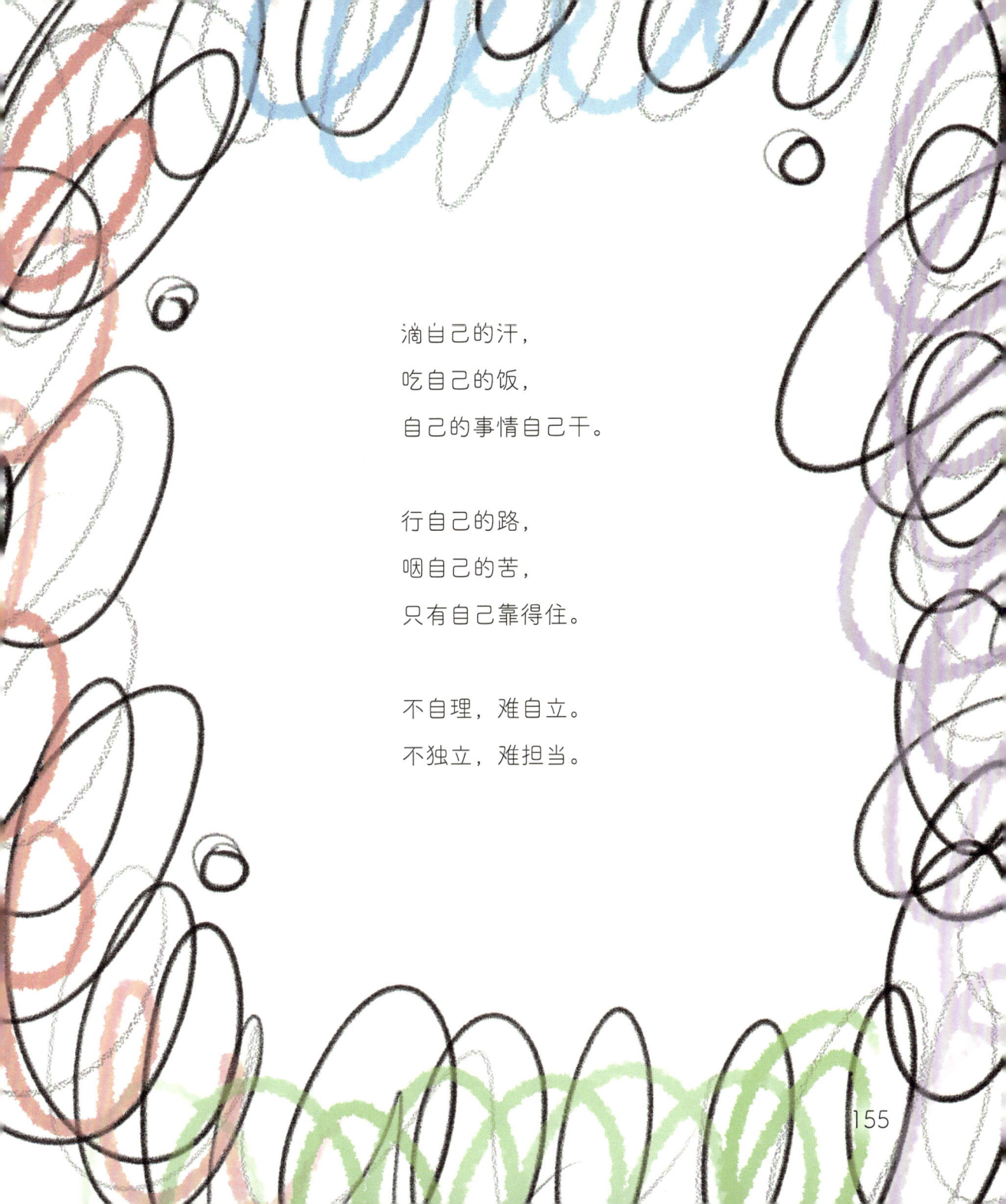

滴自己的汗，

吃自己的饭，

自己的事情自己干。

行自己的路，

咽自己的苦，

只有自己靠得住。

不自理，难自立。

不独立，难担当。

教育就是……

玩具也需要一点秩序。

让他认识单行道，
也要两边瞧。

让他用自己的双手收获成功。

可以不爱吃，但别浪费。

我们一起收拾厨房，
你帮我扫地吧。

爱画画，

是沉迷色彩变幻，

而不是为了让别人点评称赞。

告诉孩子，

喜欢你热爱的，热爱你喜欢的。

努力和上进是愉悦自己的底子，

而不是拿成就和赞誉装饰的面子。

不要活在别人的眼中，

在看不到的地方也要翩翩起舞。

教育就是
在看不到的地方，
也要翩翩起舞。

教育就是
让她永远心存善良。

善良，是问心无愧的坦荡，

是推己及人的体谅，

是扶助弱小的担当，

是赤诚以待的习惯。

善良，不是为了得到什么而去做一件事，

只是觉得这样做对，而选择这样做。

告诉孩子，

去做自己认为对的事，

哪怕有人唱反调。

善良就好，不管大小。

不论形式，无论何时。

因为，

心存善良，所见皆光明。

教育就是
让他懂得如何去爱。

和孩子一起，

种一朵花，

栽一棵番茄，

护一粒豆芽，

养一只猫咪，

……

让生命和生命产生联系。

体验一下，

在刮风时心疼，

在下雨时忧虑，

在分别时想念，

在遇见时欢喜。

教孩子发现爱、表达爱最重要。

给孩子一个爱的榜样，

让他去模仿。

教育就是……

让他永远选择
坦率和忠诚。

蹲下来，与你们拥抱。

记得和桌椅板凳好好道别。

有爱心，
天使就在人间。

玩是孩子的主业，

是最重要的正经事。

当他搭建积木时，

不要打扰他，

他心里的一位建筑师正在长大。

当他胡乱涂画时，

不要制止他，

他灵魂里的一位艺术家正在萌芽。

在游戏的王国里，

幻想是流通最广的"官方语言"，

这份幻想恰是那些杰出的科学家、艺术家、哲学家……

所追求的灵感之源。

游戏，看似简单，

却蕴含着来自未来的深刻教诲。

教育就是
会玩才会成长。

教育就是
让他用思考
拥抱新知识。

爱因斯坦曾说：

"让孩子学会独立思考和独立判断，

比获得知识更重要。"

教育不是灌输，

不能把知识一股脑儿倒进孩子的脑子里，

当作完成使命。

教育是生长，

学来的知识是草，

思考得来的知识是树，

要多在头脑里种树，而不是只种草。

教育就是
凡事三思，后果自负。

如果鞋子没穿对，
别急着纠正他，
脚会自己说话。

让孩子后果自负，
孩子不会感到委屈，
也避免亲子冲突，
因为那是自己造成的。

别急着替孩子收拾残局，
给孩子留一些自然结果。
既然选择了险途，
就得吃些路上的苦。

教育就是……

让她从小就知道
一寸光阴，一寸金。

生活原本平淡，
但跑起来就有风。

读书里的故事，
遇见路上的故事。

与其瞻前顾后，
不如大胆行动。

让他保持好奇心，
让他有提问的勇气。

一个苹果，

分出去一半，

可以收获两份甜。

分享不是简单交换，

是快乐加倍。

分享是打开自己的世界，

邀请别人进来，

别人可以带走一些东西，

自己也能生出一份欢喜，

从此有了双倍快乐。

懂得分享的人，

总是富足的，

既能"拱手相让"，又能"无中生有"。

教育就是
分享喜悦，会有双倍的快乐。

教育就是
我有两个玩具，
分享你一个。

分享的前提，
是孩子物权意识的建立。
孩子首先需要得到，
然后才有能力给予。

强迫孩子分享，
实际上是一种剥夺，
本质上是对孩子的不尊重。
分享是"我愿意"，
而不是"别小气"。
允许孩子"自私"，
是教会孩子"分享"的第一步。

教育就是
鼓励他为对手鼓掌。

让自己变好，有很多办法。

唯独没有把别人变糟这一条。

自信是"我相信我能行"，

而不是"我比别人强"。

能够赞赏他人，才是真正接纳自己。

不因坎坷而自我怀疑，

不因失败而自我否定，

能看到别人身上的光，

说明自己心中敞亮，

能为自己欢呼，

也能为对手鼓掌。

教育就是……

把快乐分成两颗糖，
你一颗我一颗。

做错了，
就要好好说对不起。

虽然我的力气小，
也要帮您来分担。

不能打人。

求助他人，没什么丢人。

04

亲子关系

父母和孩子应该怎样相处?

　　良好的亲子关系，是家庭教育的基础。可以说，育儿的本质就是维护一段亲子关系。因为任何一段关系都是双向的、流动的、独一无二的。

语言是没有形状的，

孩子看不见。

喊叫却是有模样的，

孩子学得着。

在家庭这人生的第一所学校里，

父母每天都在为自己解题，

也每天都在给孩子打样，

最能少走弯路的教育，

就是榜样教育，

由孩子去观察和模仿。

任何一个优秀的孩子，

都是有迹可循的因果。

他的因，在家庭。

他的根，在父母。

教育就是
与其喊破嗓子，
不如做出样子。

教育就是
别看他小，
有时比大人还要执着。

面对孩子，爱是本能，

教是方法，懂才是智慧。

懂他的"秩序"，

这是安全感的来源。

懂他的"执拗"，

这是自我意识的萌发。

懂他看似"无理取闹"行为背后的成长需求，

懂他看似"疾风骤雨"情绪背后的爱的呼唤，

懂得孩子才能赢得孩子。

教育就是
家,不非得是一个大房子。

有米有盐，有锅有灶，

有大有小，有说有笑，

家是在一间房子里度过的点滴生活。

互敬互爱，互帮互助，

互谅互让，和和睦睦，

家是很多爱流淌交汇的总和。

家，不非得是个大房子，

但一定是个好地方，

滋养梦想，抵挡风浪。

教育就是……

不帮你定义快乐。

跟我学。

用阳光的心态，
培养阳光的你。

我的榜样力,
你的学习力。

我的身上,
有你的影子。

童心是任岁月雕刻，
心底永恒闪耀的一抹星河。
童心是任时光打磨，
梦中长久绚烂的一霎焰火。

每一个大人都曾经是个小朋友，
在星河捞月，在梦里点火。
请唤醒那个被雪藏的孩子，
撕掉封印他的条条框框。
教育家陶行知先生说：
"我们必须会变成小孩子，
才配做小孩子的先生。"

想更懂孩子，
就试着把自己变成孩子，
调到孩子的频道，
对接孩子的信号，
做一些意义重大的"傻事"。

教育就是
和你在一起，
我也成了孩子。

教育就是
当我变成孩子，
梦便触手可及。

从孩子变成成年人是一笔交易，
用朴素的童真和不谙世事的纯真，
交换一张社会规则的入场证。
而这场成人局的头奖，
却是偶尔做回孩子。

犒赏一下自己吧！
挑选一些温柔的时刻，让内在的小孩出来活动一下。
袒露无需掩饰的喜恶，流淌不假思索的欢乐，
采撷触手可及的梦想。

希望我们都可以，像大人一样去生存，
像孩子一样去生活。

教育就是
做好大孩子，
才能养好小孩子。

今年你三岁，

那我就是个三岁的妈妈。

明年你四岁，

那我就是个四岁的爸爸。

你是小宝贝，我是大孩子。

因为你，

我有了两个童年，

一个在我小时候，

一个在你小时候。

我做好大孩子，

你做好小孩子，

我们一起过小日子。

教育就是……

一看到你，我的所有往事就醒了。

和你一起，找到自己。

用我的幽默感，
逗你哈哈大笑。

即使与梦远隔，
也要挂起满天繁星。

你的好伙伴，
我也当成好朋友。

孩子并非大人眼中的过客，

而是生命舞台上的重要角色。

孩子是大人成长的起始，

是心灵的种子，是生命的火源。

当大人仅以己目，去窥探孩子的心，

他们便无法理解孩子的纯真世界。

以自我为中心的幻觉，

让大人误以为孩子内心空洞，

需要他们来填满；

误以为孩子脆弱无力，

需要他们全力庇护。

然而，在生命的大舞台上，

大人与孩子，各有各的主角与配角。

在孩子的天地里，

他们是那自由的飞鸟，是主宰，

而大人，只是他们世界中的配角，

陪伴他们，走过一段美好的旅程。

孩子是新人类的塑造者，

用纯真的梦想，创造出未来的世界。

教育就是
你是我的孩子,
又不仅仅是孩子。

教育就是
有个秘密，
只有我俩知道。

孩子心中五花八门的小秘密，

是思想的自由王国里，

一方"非请莫入"的小小圣地，

由敏感的卫兵，

护得小心翼翼。

这块领地如若开放给你，

那一定是信任无比。

请用守诺给它加上一道锁，

做孩子的"自己人"，

能为孩子保守秘密，

你们之间才没有秘密。

教育就是
把我小时候的
糗事讲给你听。

多给孩子讲故事，

少给孩子讲道理。

多生一些同理心，

少用一些不在意。

唤醒自己的小时候，

把那些糗事讲给孩子听。

放下父母权威的架子，

打好孩子幸福的底子。

放下一贯正确的面子，

保护孩子脆弱的里子。

俯身走到孩子的身边去，

躬身走进孩子的心里头。

孩子需要一个毫无保留的家人，

而不是一个毫无瑕疵的家长。

教育就是……

我一闭上眼睛，
萤火虫就提灯照亮了梦。

我俩之间
有专属的"小暗号"。

玩到一块。

我们一起想办法。

我到你的世界坐一坐，
你来我的梦里看一看。

和你面对面，
你的进步我都看得见。
和你面对面，
你的动作我都能理解。
和你面对面，
你的情绪我都接得住。

别害怕，
我永远和你站在一起，
肩并肩，打败问题，
而不是站在问题那头，
和它一起打败你。
别焦虑，
我永远和你站在一起，
肩并肩，不缓不急，
而不是跑在前面拉你，追在后面推你，
让你来不及做自己。

教育就是

除了面对面，还有肩并肩。

教育就是
等到风停雨驻，
别忘了继续赶路。

你在丛林里走着，雨点儿又急又大。

好孩子，别害怕，

雨水催新芽，风送叶归家。

种子要长大，

梦想要出发，

风雨总能帮一把。

如果走累了，

可以休息一会儿，

但不能停在这儿。

等到风停雨驻，别忘了继续赶路。

教育就是
我不是超人，
只想做你的英雄。

我不是超人，
却愿意为你变得无所不能。
我害怕虫子，
但会陪你观察
从毛毛虫到蝴蝶的一生。

我不爱变化，

但能接住你的"朝三暮四"和"一时兴起"。

我有点社恐，

但能为你呼朋唤友，穿越人丛。

……

我没有什么英雄主义，

却打定主意，想做你一个人的英雄。

希望在你困惑时，

带你穿越星辰，叩访璀璨的先贤圣人。

希望在你恐惧时，

潜入你的梦境，悄悄种下发光的勇气。

希望在你悲伤时，

在你心里辟开万里晴空。

……

教育就是……

我无坚不摧，
但你一直是我的软肋。

你越长大，我对你越是牵挂。

你的用心，他的惊喜。

别怕，我一直在。

天黑了，
为他创造一束光。

215

不允许你骄傲，

担心你会因此失去方向。

不允许你骄傲，

唯恐你随风飘向远方。

看不得你伤心，舍不得你淋雨。

小小的你，每天给我成长的惊喜。

摔倒了自己爬起来，不哭也不闹，

我为你骄傲。

给哭泣的小伙伴拥抱，为迷路的小蚂蚁搭桥，

我为你骄傲。

……

你如此美好，如此耀眼，

星河灿烂，都不及你一半。

教育就是
不允许你骄傲，
但你一直是我的骄傲。

教育就是

懂你说的,也懂你没说的。

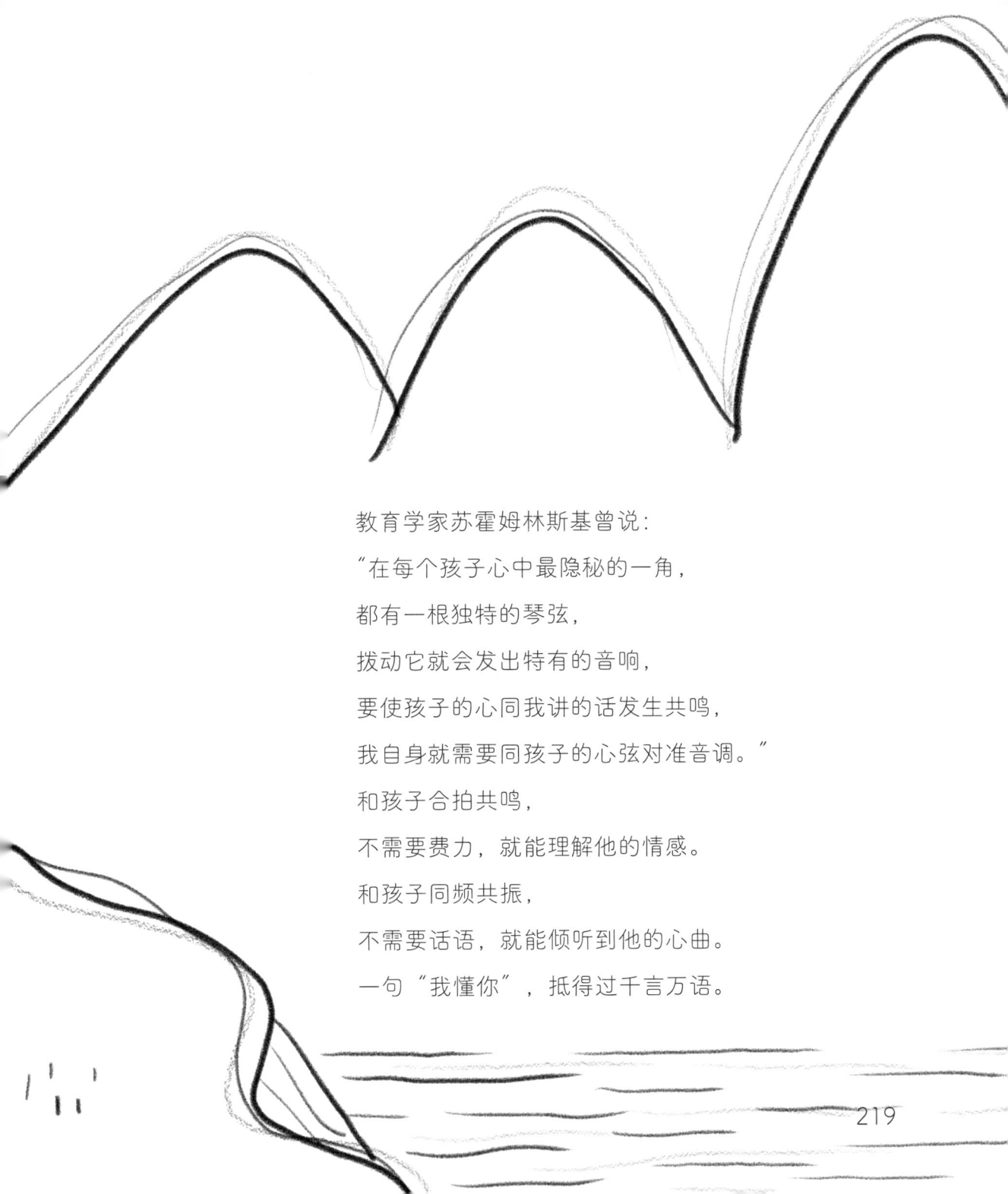

教育学家苏霍姆林斯基曾说:

"在每个孩子心中最隐秘的一角,

都有一根独特的琴弦,

拨动它就会发出特有的音响,

要使孩子的心同我讲的话发生共鸣,

我自身就需要同孩子的心弦对准音调。"

和孩子合拍共鸣,

不需要费力,就能理解他的情感。

和孩子同频共振,

不需要话语,就能倾听到他的心曲。

一句"我懂你",抵得过千言万语。

教育就是
让安全感
做你情绪的港湾。

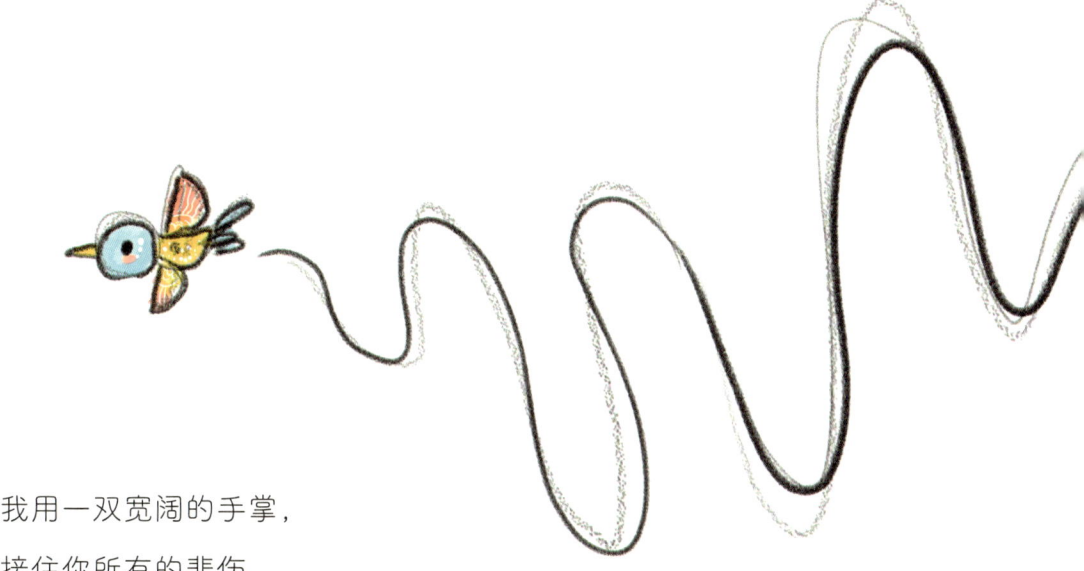

我用一双宽阔的手掌，

接住你所有的悲伤。

我用一副强壮的臂膀，

抱住你所有的恐慌。

我用滚烫又宁静的胸膛，

消融你所有的沮丧。

你的小情绪，

不必刻意克制，

也无需小心隐藏。

即使疾风骤雨，

我亦是你可以随时停靠的海港。

给你爆棚的安全感，

让你敢哭、敢笑、敢闯、敢闹。

图书在版编目（ＣＩＰ）数据

教育就是，没有一棵树一开始就是树 ／ 卷毛爸爸著. — 长沙：
湖南科学技术出版社，2024.7
　　ISBN 978-7-5710-2826-8

　　Ⅰ．①教… Ⅱ．①卷… Ⅲ．①儿童教育－家庭教育 Ⅳ．①G782

中国国家版本馆 CIP 数据核字(2024)第 070395 号

JIAOYU JIUSHI MEIYOU YI KE SHU YI KAISHI JIUSHISHU

教育就是，没有一棵树一开始就是树

著　　者：卷毛爸爸
出 版 人：潘晓山
责任编辑：邹　莉　刘羽洁
出版发行：湖南科学技术出版社
社　　址：长沙市芙蓉中路一段 416 号泊富国际金融中心
网　　址：http://www.hnstp.com
湖南科学技术出版社天猫旗舰店网址：
　　　　　http://hnkjcbs.tmall.com
邮购联系：0731-84375808
印　　刷：长沙市雅高彩印有限公司
　　　　　（印装质量问题请直接与本厂联系）
厂　　址：长沙市开福区中青路 1255 号
邮　　编：410153
版　　次：2024 年 7 月第 1 版
印　　次：2024 年 7 月第 1 次印刷
开　　本：889mm×1194mm　1/24
印　　张：9.5
字　　数：76 千字
书　　号：ISBN 978-7-5710-2826-8
定　　价：68.00 元